NOTICE

SUR UNE

MAPPEMONDE PORTUGAISE ANONYME

DE 1502

RÉCEMMENT DÉCOUVERTE A LONDRES

PAR LE Dʳ E.-T. HAMY

Extrait du Bulletin de Géographie historique et descriptive, nº 4.

PARIS

ERNEST LEROUX, ÉDITEUR

28, RUE BONAPARTE, 28

—

1887

NOTICE

SUR UNE

MAPPEMONDE PORTUGAISE ANONYME

DE 1502

RÉCEMMENT DÉCOUVERTE A LONDRES

PAR LE Dr E.-T. HAMY

Extrait du *Bulletin de Géographie historique et descriptive*, n° 4.

PARIS

ERNEST LEROUX, ÉDITEUR

28, RUE BONAPARTE, 28

1887

ANGERS, IMP. BURDIN ET Cⁱᵉ, 4, RUE GARNIER.

NOTICE

SUR UNE

MAPPEMONDE PORTUGAISE ANONYME
De 1502
RÉCEMMENT DÉCOUVERTE A LONDRES

PAR LE Dr E.-T. HAMY

Les monuments de la géographie, antérieurs à la publication des recueils de cartes gravées du XVIe siècle, sont, depuis long-temps, devenus fort rares; les mappemondes manuscrites, en particulier, où les pilotes des grandes expéditions espagnoles et portugaises consignaient leurs découvertes, ont presque entière-ment disparu. A peine, de temps en temps, signale-t-on, dans quelque fond d'archives inexploré, l'existence d'un de ces glorieux témoins des grands événements maritimes qui ont transformé l'histoire de notre globe. Humboldt et d'Avezac, Santarem et Jomard, Kohl, Peschel, Künstmann, Harrisse et d'autres encore ont interrogé avec persévérance les collections publiques et privées d'Europe et d'Amérique, et s'ils n'ont point complètement épuisé la liste des documents de cette nature, du moins est-on forcé de reconnaître que bien peu de pièces importantes ont échappé à l'enquête laborieuse qu'ils ont ins-tituée.

Voici, pourtant, une mappemonde portugaise anonyme, dont aucun historien de la géographie n'a eu jusqu'ici connais-sance[1]. Comme cette curieuse pièce ne le cède en intérêt qu'à un petit nombre de celles que l'on a précédemment publiées[2],

---

[1] Je tiens cette mappemonde de mon ami M. Alphonse Pinart qui l'a acquise à Londres avec un lot de pièces provenant du voyageur anglais King.

[2] Rien n'est plus obscur, disait Lelewel (*Géographie du Moyen Age*, t. II, p. 139. Bruxelles, 1852, in-8), que la cartographie portugaise, qui ne nous est connue que par des copies ou des imitations postérieures répandues en Italie et en Allemagne.

j'ai pensé que quelques pages consacrées à son étude ne seraient pas indignes d'attirer l'attention du Comité.

La mappemonde que j'ai l'honneur de mettre sous vos yeux, est peinte sur un rouleau de parchemin haut de 59 centimètres et large de 94, en y comprenant la languette percée de deux trous, destinée à en recevoir les ligatures. Elle est bordée en haut et en bas, par un treillis doré de 2 centimètres de hauteur. Les contours des grandes terres sont teintés en bistre clair légèrement relavé ; les îles peintes en bleu, en rouge, en argent ou en or ; les roses sont en partie décorées des mêmes émaux. Enfin, la nomenclature écrite en rouge et noir utilise deux types de lettres, majuscules et minuscules, qui sont, sans aucun doute, des premières années du XVIᵉ siècle.

Le mode de construction n'a rien qui distingue notre carte des cartes analogues et de la même époque[1]. L'horizon s'y décompose en trente-deux rumbs de vents ; les méridiens, les parallèles sont espacés dans les proportions ordinaires. Deux échelles divisées de 5 en 5 degrés montent l'une à l'extrémité droite de la carte, l'autre au niveau de la célèbre ligne de démarcation qui sépare les possessions américaines de l'Espagne et du Portugal[2].

Cette mappemonde est d'ailleurs un vrai *portulan*, une carte de navigation côtière. Chargée de noms sur le littoral, dont elle doit faciliter les abords, elle est presque vide, au contraire, à l'intérieur des terres, dont son auteur ne s'est point occupé.

A quelques lignes près, empruntées au latin, toute la nomenclature est exclusivement portugaise : *terra, ilha, cavo, porto, praia, agoa, formoso, fosso, baixa*, etc., etc[3].

---

(1) Cf. Vicomte de Santarem, *Essai sur l'histoire de la cosmographie et de la cartographie pendant le moyen âge.* Paris, 1849, in-8, p. 275-279, etc.

(2) L'équateur seul offre une disposition qui mérite d'attirer particulièrement l'attention. Depuis l'extrémité du monde oriental jusqu'au cœur du continent africain, la ligne reproduit à peu près celle que Martin Behaim avait tracée sur son globe. Mais dès le littoral africain oriental, une seconde ligne, dont des observations scientifiques viennent de fournir les repères aux navigateurs, s'ajoute et se substitue à celle toute factice des cartographes antérieurs. Cette nouvelle ligne, située à 4° environ au sud de l'ancienne, est très approximativement exacte. L'échelle de gauche est tracée sur ce que j'appellerai le zéro nouveau, tandis que celle de droite est calculée sur l'ancien zéro

(3) Je signalerai cependant une exception ; le cap Race, à l'angle sud-est de Terre-Neuve, est appelé *Capo raso*. (Voir plus loin, p. 157.)

C'est sur le littoral du continent africain qu'abondent principalement ces expressions géographiques (pl. I) et que s'accumulent les épithètes plus ou moins heureusement choisies. C'est sur ce littoral, hier encore inconnu, et dont Gama et Cabral viennent de suivre les contours, que s'est concentrée en effet toute l'attention du cartographe. Il en étudie les formes avec un soin particulier, et tout le long de ces côtes, dessinées pour la première fois dans leur ensemble, avec une certaine précision, deux cent cinquante-cinq noms s'inscrivent depuis Tanger jusqu'à *Melindi* (Mélinde), en passant par le Cap de Bonne-Espérance [1].

Ce sont des noms de terres, comme *Terra de Natall*, la terre de Natal, découverte par Gama le 25 décembre 1497, des noms de caps, tels que *Cavo de Lopo Consalvo*, notre cap Lopez, *cavo dos Corentes*, le cap des Courants, contourné par les Portugais en janvier 1498. Ce sont des noms d'aiguade, *agoa de Bona passa*, l'aiguade de la bonne Paix, ainsi nommée par Martin Alonso, l'un des compagnons de Gama; ce sont des noms de fleuves, *Rio de Senaga*, le Sénégal, *Rio da Volta*, le Volta, *Rio de Nazareth*, une des branches de l'Ogooué, ou bien encore *Rio de bon Signale*, cette rivière de Mozambique, au bord de laquelle Gama et Coelho furent si bien accueillis en février 1498.

Ce sont encore des noms d'îles comme *Asoutada* (le battu), qui rappelle le châtiment imposé au pilote maure de l'escadre, fustigé le 31 mars de la même année pour avoir trompé l'amiral; *Monbacha*, l'île de Monbaze, etc.

D'autres noms font allusion à l'érection de ces colonnes de pierre aux armes de Portugal, que le roi don Joam avait fait sculpter d'avance pour marquer les principaux points découverts par ses navires. Telle est la *pedra de san Rafaell* dressée au nord de la rivière des Bons Signaux, par Vasco de Gama.

(1) Il n'est pas sans intérêt d'observer qu'un certain nombre de localités nommées dans les récits contemporains ne figurent point sur notre carte si chargée cependant (pl. I).

On n'y trouve, par exemple, ni la *baia de Santa Helena* où s'arrêta Gama avant de tenter de tourner le cap de Bonne-Espérance, ni le *rio de Santiago* dont il est fait mention aussitôt après, ni l'*Aguada de San-Bras*, découverte le 25 novembre 1497, ni les îlots *Chaos* ou *da Cruz*; le *rio do Infante*, limite des explorations de B. Diaz, n'est séparé que par un seul nom *p. de Sabio* du *c. de Bona-Speranza*.

Quelques villes enfin sont signalées à l'attention par une silhouette où se profilent de petites tours : ce sont *Minna*, Saint-George de la Mine, le principal établissement portugais de Guinée ; *Mani Congro*, la résidence du *mani* ou souverain des embouchures de ce fleuve ; *Mônsenbichi*, Mozambique , *Mélindi*, Mélinde, découverts par Gama, en mars et en avril 1498 ; *Quilloa*, où mouilla la flotte de Cabral, le 26 juillet 1500 ; *Sofalla*, enfin, reconnue par Sancho de Toar, un des capitaines de la même flotte, rentré, comme on sait, à Lisbonne, au mois d'août 1501 [1].

Cette riche nomenclature s'arrête brusquement à Mélinde : la côte est peu connue au delà de ce point. La position de Mogadixo que Gama n'a fait que canonner au retour, n'a point été déterminée et se trouve, d'ailleurs, en dehors de la route de l'Inde, dont le tracé préoccupe avant tout notre cartographe.

Tout le reste de son Afrique est d'ailleurs à peu près sans intérêt. L'intérieur est presque aussi nu que celui de nos cartes hydrographiques modernes. Plus de ces animaux aux profils fantastiques, lions, oiseaux ou serpents destinés à représenter la faune du continent ; plus de ces pavillons aux couleurs brillantes où trônent mystérieusement les rois de peuples inconnus ; plus de ces forteresses hérissées d'impossibles bastions ; plus de forêts, presque plus de montagnes et presque pas de fleuves.

Une seule chaîne, la chaîne des monts de la Lune, *Mons Lunæ*, est représentée par une suite de monticules peints en vert, parallèles à l'équateur, et gisant à peu près sous le 7e ou le 8e degré sud.

Seul de tous les fleuves africains, le Nil dessine en bleu son cours immense à travers la moitié droite du continent. Ses sources, au nombre de sept, hardiment repoussées, suivant la tradition arabe, jusqu'au 5e ou au 6e degré de latitude sud, sortent du *Mons Lunæ* pour courir vers le nord et se jeter : trois à gauche, quatre

---

(1) Il est curieux de comparer la nomenclature si exacte de notre correspondant anonyme avec celle de la Cosa, qui dressait sa carte peu auparavant, d'après des on-dit tellement vagues , que sa topographie et sa toponymie africaines sont complètement fantastiques depuis le Cap jusqu'à la mer Rouge.

On pourrait citer bien d'autres termes de notre carte attestant son origine portugaise, tels que ceux commençant par *o*, *os*, *dos*, etc. : Os Medones.

à droite, dans deux grands lacs placés sous l'équateur, l'Ukéréné et le Mwoutan-Nlzigué des voyageurs modernes. Les cours d'eau qui en sortent, convergent et se réunissent vers le 14ᵉ parallèle pour recevoir un peu plus à droite un troisième grand cours d'eau sorti d'un autre lac équatorial, le Bahr el-Azrek ou Nil bleu descendu du lac Tzana, puis un quatrième, l'Atbara, en formant l'île de Méroé, se jeter enfin à la mer non loin de *Cairo*, aux pieds du Soudan d'Egypte, *Soldanus*, dont, en souvenir sans doute du voyage récent de Païva et de Coyilham, le cartographe portugais a maintenu l'image traditionnelle. C'est un vieillard à longue barbe blanche, coiffé d'un immense turban, vêtu d'une robe rouge et tenant de la droite un sceptre d'or de forme lancéolée.

Un autre potentat, bien autrement curieux pour les Portugais des premières années du xv1ᵉ siècle, est assis, dans la carte, au-dessous des monts de la Lune; c'est un vieillard encore, couvert d'une robe bleue et d'une chape brune; sa tête est surmontée d'une mitre d'argent; il porte dans la main droite une grande croix rouge et or et de la main gauche il bénit. C'est le fameux *prète Jean*, PRETE JĀM, dit la légende, ce mystérieux souverain, dont Gama entendait parler à Mozambique et sur lequel Cabral s'efforçait d'obtenir des renseignements à l'aide des bannis qu'il débarquait à Mélinde[1].

L'Asie de notre carte ressemble, à peu de chose près, à celle des mappemondes de la fin du xvᵉ siècle. La mer striée de rouge qui la sépare de l'Afrique, avec la longue chaîne d'îles démesurément grosses qui en encombre le chenal, est restée la mer Rouge des cartes antérieures. La presqu'île arabique n'a guère changé d'aspect; elle est toujours trop étroite vers le nord, trop large au sud, trop tourmentée de formes et sa nomenclature côtière est tirée de sources anciennes. Le golfe Persique, *Sinus Persicus*, creusé tout en travers aux dépens de l'Arabie, rempli de grandes îles bleues, rouges ou dorées, diffère peu de *das Merr Persia* de Martin Behaim, ou du *golfo persico* de Juan de la Cosa, et il en est de même de *Mare Hircanū sive Caspī*, la mer bordée de bleu, aux trois îles d'or, que l'on voit juste au-dessus du *Sinus Persicus*, orientée de façon à ce que son

---

(1) L'étendard à triple croix, symbole de la foi chrétienne, dont le Prête Jean est la personnification, figuré déjà dans la mappemonde catalane de 1329 (collection de Souef), sur les cités de la haute vallée du Nil.

grand axe soit exactement parallèle à l'équateur. C'est sous ces traits que les cartographes se sont habitués à représenter la Caspienne, et notre anonyme n'a fait que se conformer à un usage déjà ancien. Toute son Asie est, d'ailleurs, construite suivant un type dès longtemps consacré. C'est, à bien peu de choses près, l'Asie de Ptolémée ou de Marco Polo; c'est plus spécialement l'Asie de la mappemonde de 1489 publiée par Kohl, l'Asie du globe de Martin Behaim (1492).

Un mot, inscrit sur un nouveau rivage, établit seul une différence au profit de notre carte. Mais ce mot, placé au-dessus de l'image d'une cité, cette ligne de côtes qui marche *vers le sud* en faisant face à l'extrémité orientale du monde africain, ne représentent rien de moins qu'une des plus importantes conquêtes que l'histoire de la terre ait jamais enregistrées.

Ce mot, c'est *Colochuti*, Calicut[1], où, suivant une expression du temps, « il y a toute espicerie, pierrerie et toutes les richesses du monde »; cette terre, c'est l'Hindoustan, dont la route par mer est désormais ouverte au monde entier.

Le Portugal qui a trouvé cette voie s'efforcera vainement d'en barrer l'accès aux autres nations de l'Europe; vainement un de ses rois édictera la *peine de mort* contre quiconque aura révélé la route de Calicut. Ces portulans, dont vous avez le type sous les yeux, plus ou moins perfectionnés, comme celui de Francisco Rodriguez (1524), finissent par tomber entre les mains d'un Jean Parmentier ou d'un Cornélis Houtman.

Français, Hollandais, Anglais, tous les peuples civilisés réclament, l'un après l'autre, leur part de ce riche négoce d'Orient dont Venise avait su, pendant des siècles, garder le monopole, et un jour vient où la petite nation qui, dans un magnifique élan, a fait la conquête des Indes, épuisée par ce

---

(1) Notons cependant que le nom de Calicut est déjà dans fra Mauro, qui d'ailleurs le place à tout hasard. (Cf. Lelewel, *Épilogue*, p. 182.)

On le trouve aussi sur la mappemonde de Juan de la Cosa. C'est une grosse ville fortifiée assise sur le bord de la mer (*mar eliopico oriental*). On lit à côté le mot *Caliteul*, et un peu à droite *p. de calieul.*

L'Inde qui porte l'inscription : *tierra descubierta por el Rey Manuel, Rey de Portugal*, n'est qu'une longue ligne de côtes un peu ondulée depuis Calicut, placée en deçà des bouches de l'Indus (*boca de Yndo*) jusqu'aux bouches du Gange (*Rio Ganges*). Les notions acquises sur l'Inde par la Cosa sont si vagues qu'il place le Guzerate (*Chiaserat*) bien plus près du Gange, que de l'Indus.

gigantesque effort, se voit presque complétement dépossédée du magnifique empire qu'ont fondé les plus glorieux de ses enfants.

Nous sommes à la première phase de cette prodigieuse histoire. Vasco de Gama a abordé à Calicut, le 20 mai 1498; Cabral y a fondé, au commencement de 1500, le premier comptoir que les Portugais aient possédé sur la côte de Malabar. Mais Cananar, Cochin, Goa, qu'on commence à connaître quelque peu à Lisbonne, n'ont pas encore trouvé leur place sur la carte. Colochuli y figure seule, inscrite en grosses lettres, et Glafer le Zamorin ou *Samoudri-Radja*, hostile aux Portugais, est dessiné, assis sur un petit tapis; l'index droit dirigé vers Lisbonne, il brandit menaçant de la main gauche un lourd sceptre d'or.

Au milieu de la mer des Indes, flottent à l'aventure quelques grandes îles bordées de rouge ou dorées, aux formes inconnues des géographes modernes. L'une de ces îles est appelée *Madagascar*; une autre se nomme *Tangibar*; détachées l'une et l'autre des bords orientaux de la terre africaine, elles n'ont pas encore leur place définitive dans la nomenclature géographique [1]. Plus loin se montre la Taprobane des anciens, *Taprobana*, entourée d'une chaîne d'îles dorées, rouges ou bleues et couverte de noms surannés.

La route de Calicut mènera quelque jour les navires portugais beaucoup plus loin dans l'est, et notre anonyme s'efforce de mettre au service des expéditions futures de ses compatriotes les renseignements qu'il a compilés dans les écrits et dans les cartes de ses prédécesseurs. Voici les îles de la Bonne Fortune : *I. Bonæ Fortunæ*, assez bien à leur place au milieu du golfe du Bengale [2], et voici *Malacha*, assise au bord occidental d'une chersonèse qui comprend Sumatra et que les Portugais auront

---

(1) *Madagascar* est au N.-O. de *Tangibar*, ainsi qu'il convient à une terre qui ne représente autre chose à cette époque que la *terre de Mogadixo*, déplacée par suite d'une interprétation erronée des récits de Marco Polo. Il en est de même dans Behaim, mais la Cosa renverse la nomenclature, et devient inconsciemment l'auteur de l'appellation attribuée quelques années plus tard à la grande île australe qu'on découvrira sous le nom de Saint-Laurent, et que tous les géographes appelleront *Madagascar*. Quant à Zanzibar, Vasco la découvre au retour des Indes sous le nom de Jamjiber, et ne paraît pas soupçonner que ce soit la même île que transportaient à l'aventure en pleine mer les hydrographes, ses prédécesseurs.

(2) Ces îles correspondent aux îles Andaman.

conquise quelques années plus tard. Puis vient *Cattigara*, par delà le *Magnus Sinus*, dans une presqu'île imaginaire qui double l'une des péninsules de l'Inde, et au delà de laquelle la *Seilam* de Marco Polo répète la Taprobane antique[1]. Plus loin encore, jetées pêle-mêle dans une mer inconnue, errent les autres îles du grand voyageur vénitien, *Java Minor*, entre autres, et *Java Major*.

La côte du continent remonte oblique du sud-ouest au nord-est, échancrée de golfes hypothétiques, hérissée de caps qu'aucun marin n'a jamais contournés[2], pour aboutir enfin aux extrémités de la terre où deux curieuses vignettes représentent *Guinsai* et le grand Khan de Catai. Guinsai est le Quinsay de Marco Polo[3], la *Cité du Ciel*. Cette ville, dit l'illustre Vénitien, « est toute en eau et est environnée d'eau ; si que pour ce convient-il que il y ait maint pont pour aler par la cité ». Il dit encore qu'à Quinsay « y a xij mille pons de pierre » et « un grand lac, qui a bien xxx milles de tour. » Notre géographe, qui se pique d'érudition, nous a peint son Quinsay au milieu d'un grand lac d'azur : quatre ponts au moins se détachent des murailles pour rappeler les merveilles de la célèbre ville.

Le Khan, auprès duquel Marco Polo avait vécu, n'était autre que Khoubilaï Khaàn. Ce « grant Kaan, seigneur des seigneurs » pouvait « avoir d'aage bien entour quatre-vingt-cinq ans » au moment où le voyageur vénitien habitait à sa cour. Mais il était « charnus de belle manière » et « trop bien tailliez de touz membres ». Il avait « le vis blanc et vermeil, les yeux vairs, le nez bien fait et bien seant[4] ». Il semble que notre auteur se soit inspiré de cette description en faisant le portrait du personnage illustre assis près de Quinsay et dont il a singulièrement traduit le titre par *M*(agnus) *Canis de Cataio*.

Une longue côte sinueuse délimite vers le nord les terres

<hr>

(1) *Seylan* joue le même rôle dans Behaim.

(2) Il n'y a pas d'îles dans cette mer d'Extrême-Orient. Cipangu lui-même fait défaut dans la nomenclature de notre cartographie.

(3) Cf. *Le livre de Marco Polo, citoyen de Venise, conseiller privé et commissaire impérial de Khoubilaï-Khadn, rédigé en français sous sa dictée en 1298 par Rusticien de Pise*, publié par M. G. Pauthier. Paris, 1865, in-8, ch. CLJ, p. 491 et suiv.

Quinsay, King-Ssé, nom donné à la ville, quelle qu'elle soit, où siège le gouvernement. (Pauthier, *Ibid.*, p. 450, 458, notes 6, 491 et note 1.)

(4) *Ibid.*, ch. LXXVI, p. 258 ; c. LXXXI, p. 278.

d'Asie, dans la solitude desquelles surgit seulement l'Himalaya (*Imaus M.*), d'où descendent le Gange (*Ganges F.*) et l'Indus (*Indus F.*). Suivons cette côte boréale, elle nous ramène jusqu'en Europe où nous retrouvons avec plaisir les contours d'un monde bien réel en sortant du monde fantastique que nous venons de visiter.

Le portulan en miniature de la Méditerranée est, pour l'époque, un excellent morceau et atteste, chez l'auteur, une sûreté de main remarquable.

Les côtes de l'Océan jusqu'à la Manche sont presque aussi exactes ; mais au nord des Pays-Bas, les incorrections recommencent. La presqu'île du Jutland s'incurve vers l'Orient ; la Baltique parsemée d'îles exagérées s'allonge de l'ouest à l'est et la Scandinavie, dilatée dans le même sens, mais aplatie du nord au sud, ne tient plus à la terre ferme que par un étroit pédicule qui la rattache à une longue et mince presqu'île, coudée à angle droit et soudée au continent du côté du Levant.

C'est la Scandinavie de Nicolas Donis (1482), de l'anonyme de 1489, de Martin Behaim (1492), etc.

Un isthme, tout semblable à celui que nous venons de décrire, relie un peu plus au nord au vieux monde une vaste péninsule triangulaire entourée d'îles, dont trois d'une certaine étendue, et qui porte sur deux lignes les mots EVGLOVELANT, *une terre verte.*

Englonelant, Engronelant (N. Donis) rappellent si bien *En Groneland* de la carte des Zeni, que M. de Nordenskjœld s'est montré disposé à identifier ces diverses terres avec le Groënland qu'il a d'ailleurs si bien étudié.

Mais d'autres historiens de la géographie, M. Japetus Steenstrup en particulier[1], rattachent sans hésiter à l'Europe septentrionale cet ensemble systématique qui ne représenterait, en somme, que la Laponie sauvage (*Wildt Lappland*).

Les premières cartes du xvi⁰ siècle et la nôtre en particulier viennent à l'appui de cette manière de voir. Elles placent toutes, en effet, à l'ouest de l'*Englonelant*, une grande île qui est l'Islande, tantôt désignée sous ce nom, et tantôt surnommée comme ici : Thulé (*Tile*). (Voy. pl. II ci-après.)

---

[1] Cf. *Congrès international des Américanistes.* 5⁰ sess. Copenhague, p. 150, 180.

C'est un peu plus à l'ouest que commence le Nouveau-Monde. Sur notre portulan, comme sur quelques autres cartes portugaises des premières années du XVIe siècle, conservées à Munich, on peut voir la silhouette d'une vaste terre boréale qui porte le nom de *Terra Laboratoris*. Est-ce bien là le Labrador, comme on le croit généralement? N'est-ce pas plutôt le Groënland, comme le suppose M. Kohl? Le document que nous avons sous les yeux ne fournit aucun argument nouveau pour l'étude de cette question encore controversée. Il reproduit, en effet, à peu de chose près, les contours de la *Terra de Lavorador* de la pl. II de Kunstmann. (Voy. pl. IV ci-après.) C'est une île assez longue, étendue du 54e au 59e degré de latit. N., du 36e au 33e degré de long. O., et couverte, du côté du sud, par un certain nombre d'îlots. Garnie primitivement d'une couche d'argent, comme la terre semblable du portulan n° 2 de Munich, elle est, grâce aux sulfures, devenue presque noire. Aucun nom ne s'y lit, mais la carte publiée par Künstmann en a révélé cinq, imposés, comme l'a bien compris le savant géographe, lors de la première exploration du Portugais Gaspard Corte-Réal. Ce hardi navigateur avait, en effet, découvert, au cours d'un voyage entrepris vers le milieu de l'an 1500, une terre septentrionale où régnait un climat très froid et qu'il nomma Terre Verte, dit Damian de Goes *Terra Verde* [1], à cause des grands arbres qui la couvraient, ce qui ne se rapporte guère, on en conviendra aisément, au Groënland des navigateurs scandinaves; mais s'applique fort bien, en revanche, au Labrador, dont de grandes forêts de sapins, de mélèzes, de bouleaux et de peupliers garnissent la moitié méridionale. Les montagnes sont, toute l'année, blanches de neiges, et cela explique parfaitement que les auteurs de notre carte et de celle de Munich aient peint de couleur d'argent cette terre, qu'ils ne nomment point *Terra Verde*, mais *Terra de Lavorador*, *Terra Laboratoris*, en se servant d'un terme qu'ils ont certainement emprunté au découvreur et que leurs successeurs ont, avec raison, maintenu sur la carte de l'Amérique Septentrionale.

Encouragé par le succès relatif de cette première tentative, Gaspard Corte-Réal se hâta de préparer avec le concours de son frère un deuxième voyage vers le nord.

[1] Cf. H. Harisse, *Corte Real*, p. 47-48.

Dès janvier 1501, trois caravelles partaient sous ses ordres de Lisbonne pour aller à la découverte de nouvelles terres boréales. Neuf mois plus tard, à trois jours d'intervalle, deux des navires rentraient au port ; la *Capitane* manquait à l'appel. Son intrépide chef avait voulu poursuivre une entreprise heureusement commencée et, renvoyant en Portugal les deux conserves chargées de documents recueillis jusqu'alors dans le voyage, il s'était hardiment lancé dans l'inconnu.

On ne le revit point, et Miguel, son frère, parti à sa recherche, disparut à son tour.

Il n'est resté de cette grande mission si tragiquement interrompue que quelques notes et une carte sans commentaire publiée par Künstmann, la carte de Pedro Reinel (Voy. pl. III ci-après), dont la nôtre émane à coup sûr. L'auteur de cette dernière pièce reporte sur son épure les contours de la côte détaillée par Reinel et à laquelle il impose, en souvenir des glorieuses victimes, le nom de Terre de Corte Real : *Terra Cortereal;* mais il n'y inscrit qu'un seul nom, quoiqu'il ait assez de place pour en placer une vingtaine. Il est vrai que ce nom : *Capo Raso,* trancherait toute difficulté, s'il s'en élevait quelqu'une au sujet de l'identification de la contrée vue par Corte-Real dans son deuxième voyage. Ce cap n'a jamais changé de nom depuis lors; il s'appelle *Cape Race* sur les cartes actuelles. C'est l'angle sud-est de New-Found-Land, Terre-Neuve, dont Gaspard Corte-Real avait certainement exploré et dénommé en 1501 toute la bande occidentale.

C'était neuf ans plus tôt que Christophe Colomb avait atterri à l'une des îles Lucayes, et la reconnaissance des Antilles, grandes et petites, avait assez rapidement marché pour que les cartes de cet archipel, même non espagnoles, fussent dès lors assez complètes.

Notre manuscrit montre en place Cuba, la Jamaïque, Haïti, les Lucayes ou Bahama et la plus grande partie des îles Caraïbes, dont la chaîne aboutit à la terre ferme fort correctement dessinée dans une assez longue étendue. Fidèle à son système d'omettre les détails partout où ils sont inutiles au but tout spécial qu'il poursuit, le géographe a inscrit deux mots seulement dans toute cette portion de sa carte : *Terra de Cuba* et *Isabella.*

---

(1) Navarrete, t. IV, p. 4 et suiv.

C'est par ce dernier mot qu'il désigne Haïti ; Isabella est le nom
de la ville fondée par Colomb en 1496 sur la côte septentrionale de cette île et peu après abandonnée en faveur de
Santo Domingo.

La terre ferme ne porte aucune mention géographique ; mais
les contours en sont si nettement circonscrits qu'aucune hési-
tation n'est permise sur leur identification. C'est bien la côte des
Guyanes et du Venezuela, depuis l'Oyapok, jusqu'au delà de la
Goajira. Ce tracé correspond exactement aux découvertes de
Alfonso de Hojeda et de Juan de la Cosa dans le cours du voyage
qu'ils entreprirent en mai 1499 et terminèrent en juin 1500.
Ils avaient pris connaissance de la côte à deux cents lieues
environ au S.-O. de Paria et, longeant le littoral, ils avaient
découvert les embouchures de deux grandes rivières : l'une qui
venait du Sud, l'Essequibo ou *Rio Dulce*, dont on voit l'estuaire
sur notre carte ; l'autre qui coulait de l'Ouest, l'*Orinoco* ou Oré-
noque. Ils avaient abordé à l'île de Trinidad, franchi *las bocas
del Drago*, commercé avec les indigènes, puis d'île en île, de port
en port, ils avaient reconnu toute la côte jusqu'au grand golfe
nommé par eux golfe de Venezuela, à cause de la petite Venise
bâtie sur pilotis qu'ils y avaient découverte. Le dernier terme de
cette navigation fut le *Cabo de la Vela*, où s'arrête aussi notre
carte[1].

Les autres entreprises navales des Espagnols sur le littoral
de Terre Ferme étaient encore inconnues à Lisbonne ; le grand
voyage de Pinson, par exemple, dont La Cosa consignait les
détails sur son célèbre portulan dessiné à Puerto de Santa Maria
de juin à octobre 1500, ne fut divulgué que bien plus tard.

Lorsqu'il est question de l'Afrique, les cosmographes portugais sont immédiatement au courant des résultats acquis par
leurs compatriotes ; mais au Nouveau-Monde, les découvertes
sont aux mains des Espagnols, et, à de rares exceptions près,
les deux marines rivales se dissimulent réciproquement avec le
plus grand soin leurs progrès dans les mers nouvelles.

Notre anonyme a pu enregistrer sur sa carte les renseignements rapportés de Sofalla par Toar, revenu en août 1501 ;
les faits précis dus à Joam de Nova, qui rentre à son tour de l'Inde

---

(1) Navarrete, *Colleccion de los viages y descubrimientos que hicieron por
mar los Espanoles desde fines del siglo XV*, t. I, p. 12.

(2) Id., *ibid.*, t. III, p. 19.

le 11 septembre 1502, lui font absolument défaut; j'en conclus que son œuvre appartient à coup sûr à la période qui s'est écoulée entre ces deux dates.

Et cependant, le Nouveau-Monde qu'il a tracé est loin de représenter l'état des connaissances acquises à ce moment à la géographie, de l'autre côté de la ligne de démarcation tracée par le traité de Tordesillas. La dernière ligne de côtes que l'on voit commencer un peu au sud de l'équateur, se diriger obliquement du N.-O. 1/4 O. au S.-E. 1/4 E. et changer brusquement de direction vers le cinquième degré pour s'en aller bien loin au S.-S.-O., est en deçà de la *ligne de démarcation*. C'est le rivage de la terre de Sainte-Croix, *Terra Sanctæ Crucis*, rencontrée inopinément par Alvaro Cabral, et dont Vicente Janez Pinzon avait eu le premier connaissance au mois de janvier précédent. C'est Gonçalo Coelho, envoyé en 1501 avec trois caravelles pour explorer le pays, qui a reconnu ce littoral jusqu'au 32° degré [1] et imposé la longue nomenclature que l'on trouve sur le second portulan de Kunstmann, si semblable, d'ailleurs, à celui dont j'achève la description [2].

En résumé, la mappemonde anonyme, que je viens de vous présenter, est un véritable portulan, écrit en portugais et donnant, avec détails, le périple de l'Afrique jusqu'à Mélinde, où l'on embarque le pilote de l'Inde.

C'est une de ces cartes de la route de Calicut, dont la divulgation était punie de mort.

Elle est postérieure au voyage de Alvaro Cabral, antérieure à celui de Joam de Nova, et, par conséquent, a été dressée après le mois d'août 1501 et avant le mois de septembre 1502.

Pour les régions situées en dehors de la sphère d'action des navigateurs portugais gagnant l'Inde, pour l'Extrême-Orient notamment et pour le nord de l'Europe, elle reproduit des formes consacrées par la tradition.

La carte du Nouveau-Monde, fort incomplète en ce qui concerne les découvertes espagnoles, mentionne au contraire avec

______

(1) Santarem, p. 83 et 183. — Il est remarquable que les deux tracés qui représentent, sur notre portulan, tout ce que l'on sait à Lisbonne des contours de l'Amérique du Sud, coïncide exactement avec les itinéraires des voyages auxquels a pris part Améric Vespuce.

(2) Voyez pl. n° IV ci-après.

soin celles des Portugais, dont la plus récente nous conduit à cette même année 1502 qu'il faut définitivement adopter pour la date de ce rare et précieux monument de l'histoire des grandes découvertes maritimes.

ANGERS, IMP. BURDIN ET Cⁱᵉ, RUE GARNIER. 4

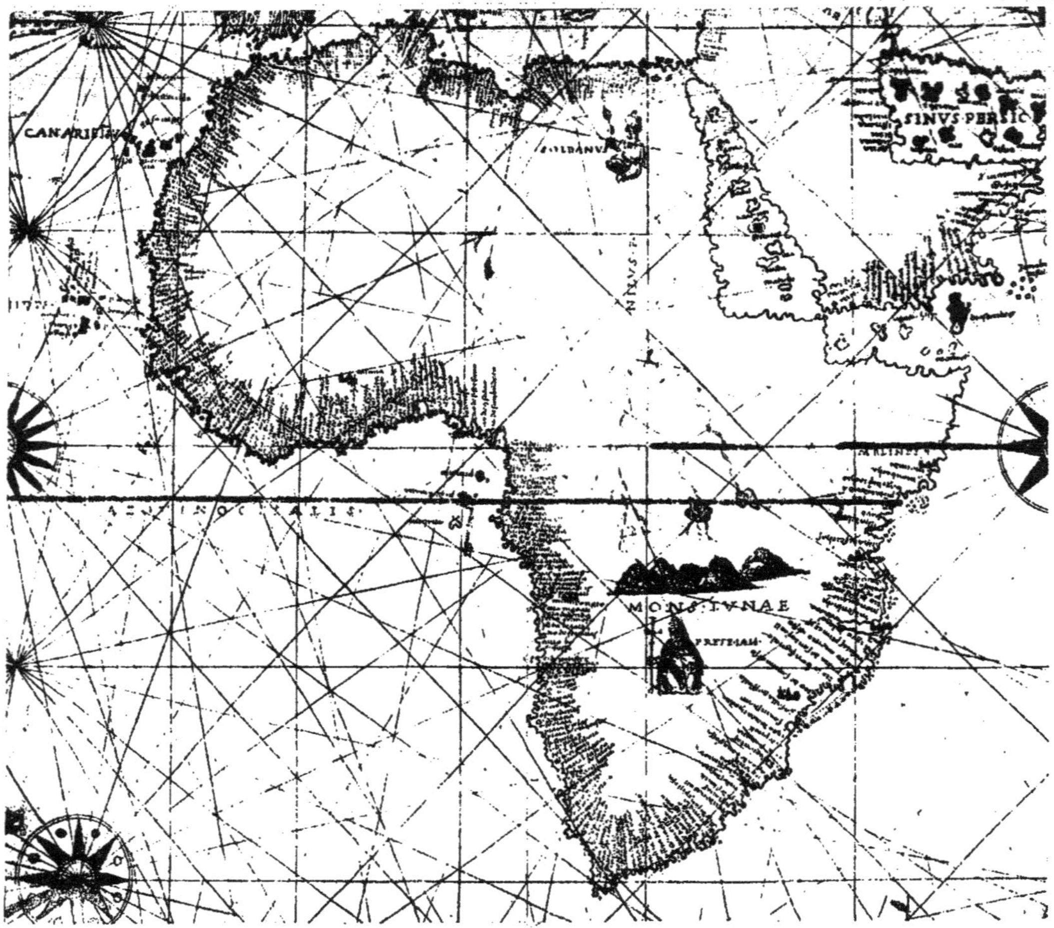

AFRIQUE DE LA MAPPEMONDE PORTUGAISE ANONYME DE 1502

(TRÈS LÉGÈREMENT RÉDUITE)

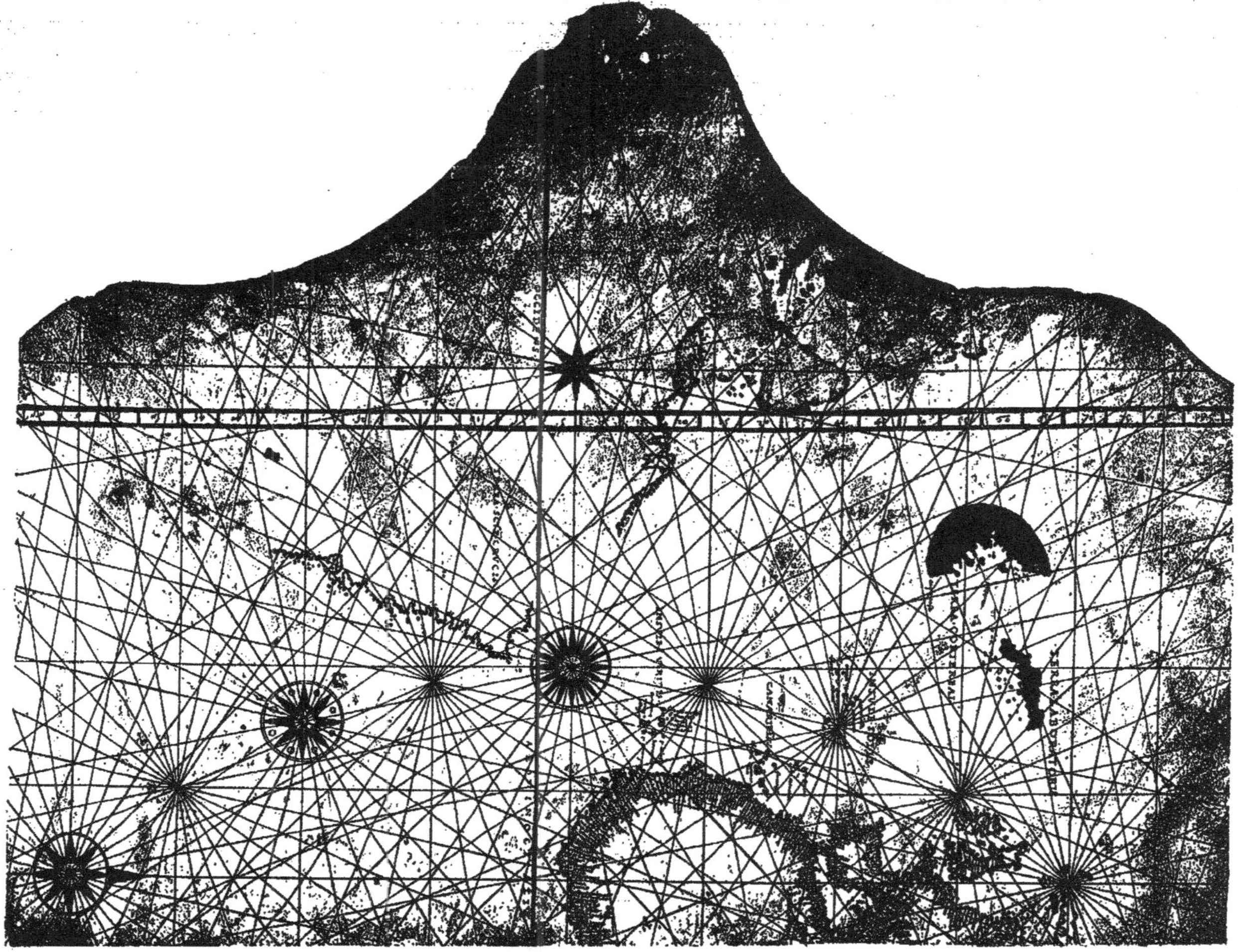

Portion gauche de la mappemonde portugaise anonyme de 1502, représentant les côtes occidentales de l'Ancien-Monde et celles de l'Amérique. (Réduction photographique à 2/5.)

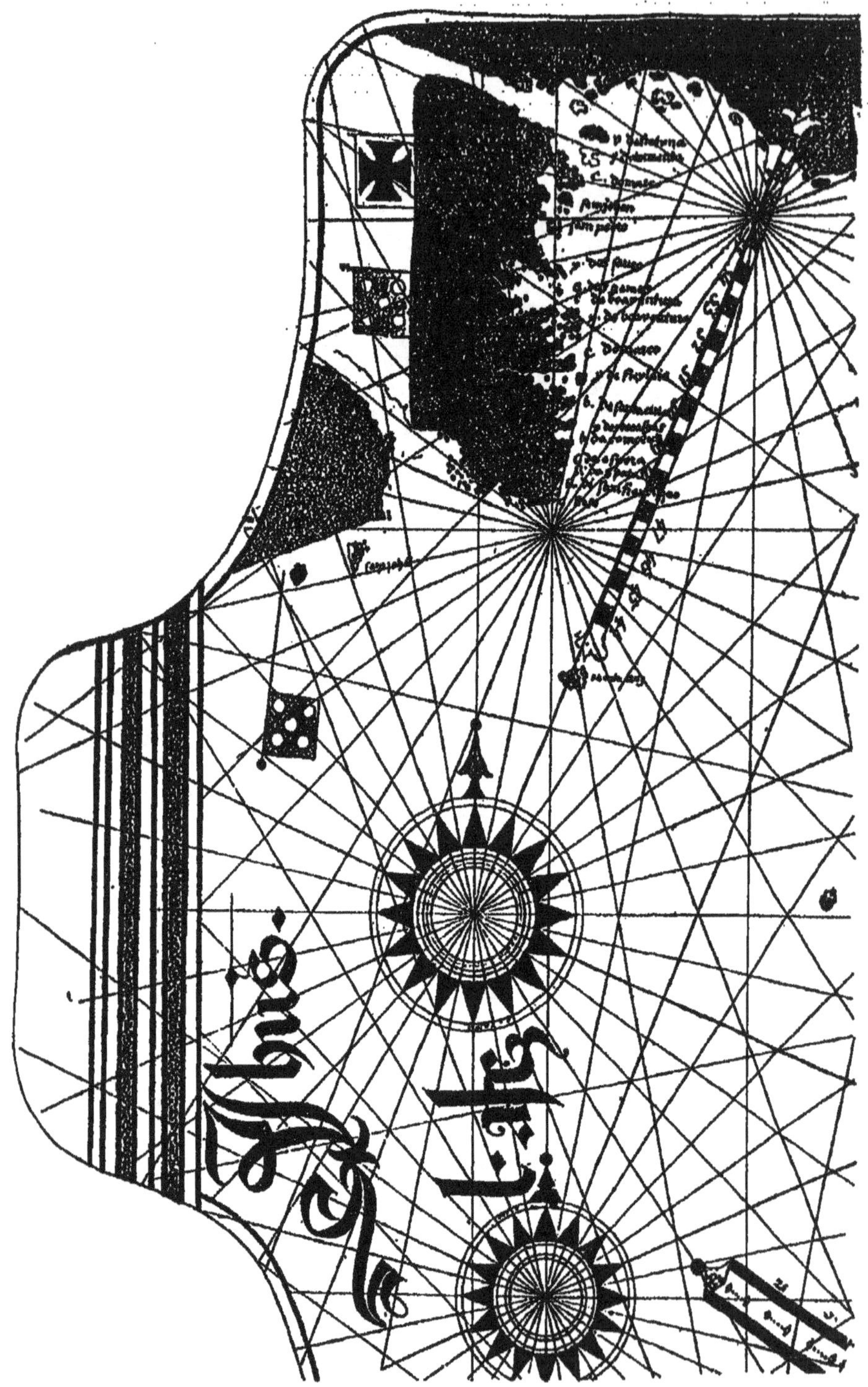

Fragment de la carte de Pedro Reinel (d'après la Pl. I de l'atlas de Kunstmann).

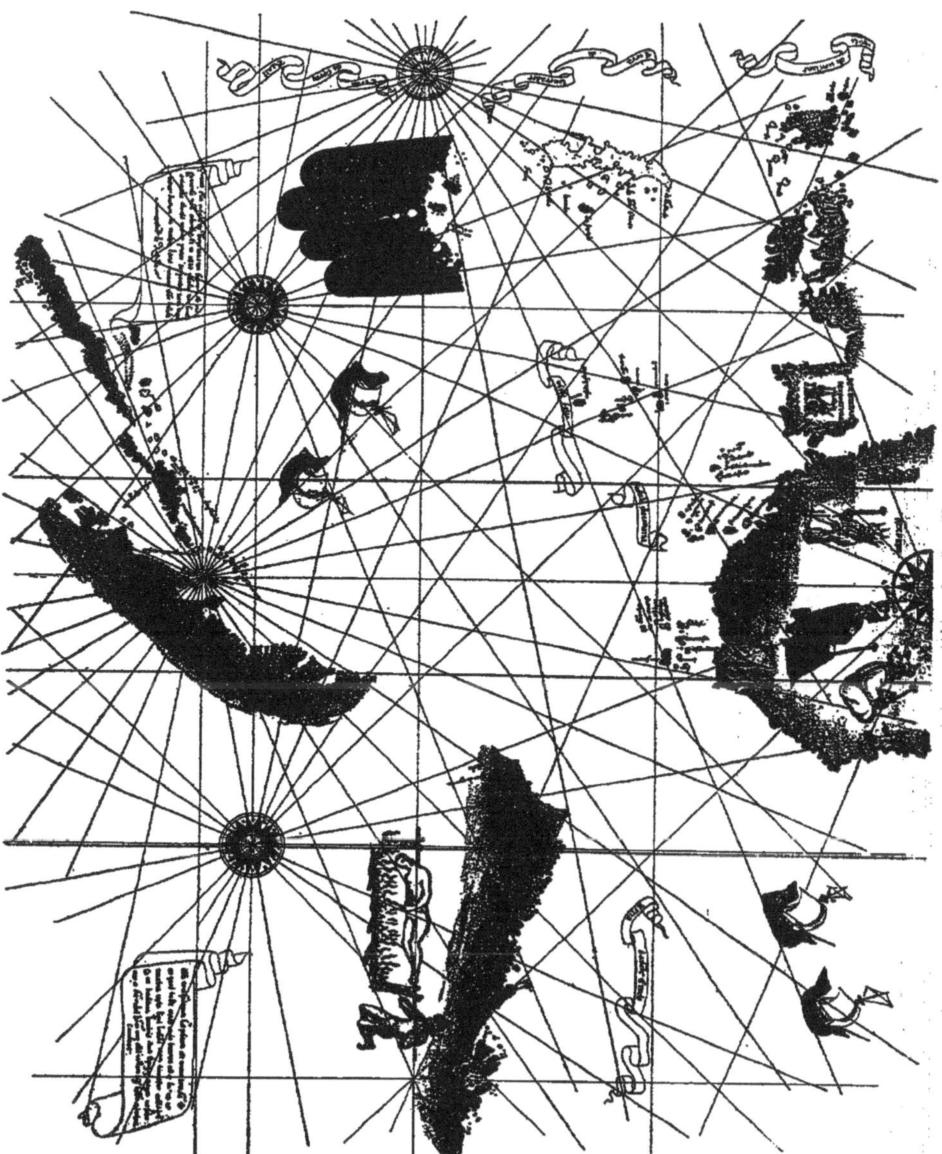

Réduction de la carte n.º II de l'*Atlas* de Kunstmann.

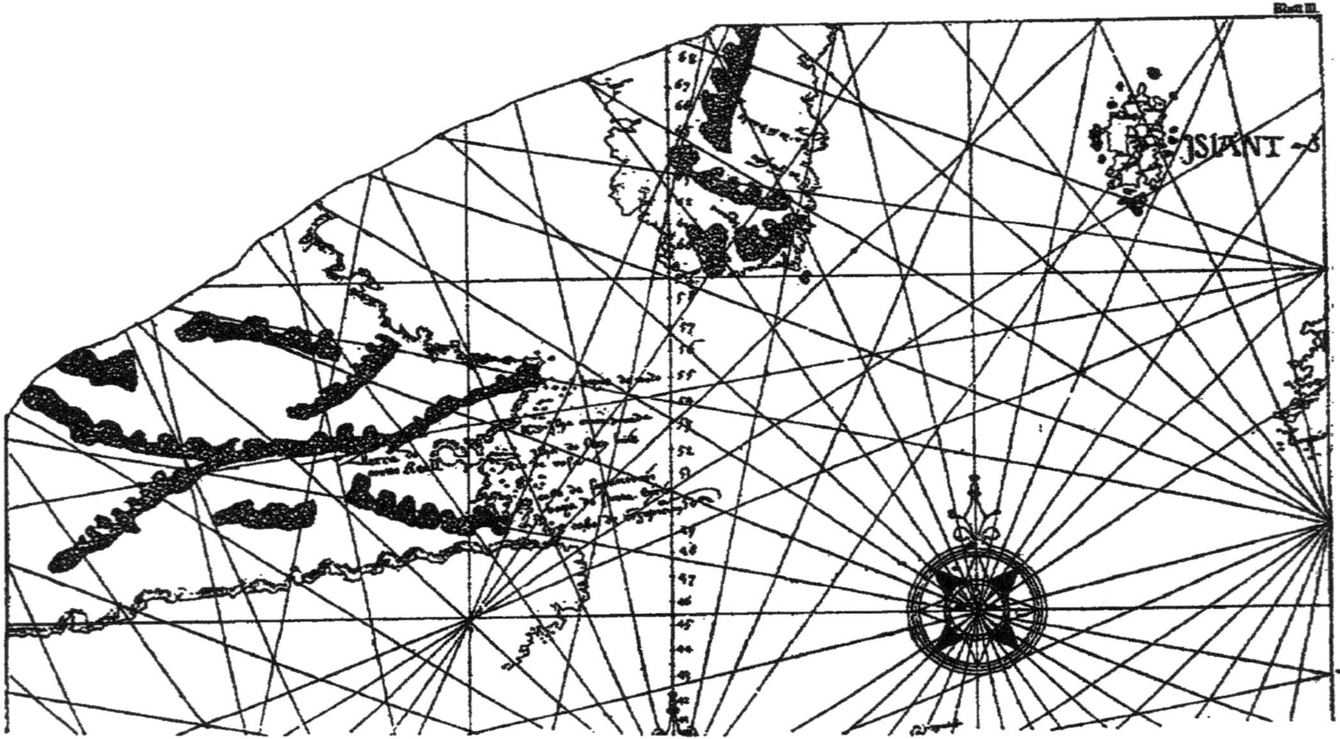

Fragment de la carte nᵒ III de l'*Atlas* de Kunstmann.

ANGERS. IMP. BURDIN ET Cie.

www.ingramcontent.com/pod-product-compliance
Lightning Source LLC
Chambersburg PA
CBHW051258050726
47595CB00008B/3304